AF252601

UNE
CROISIÈRE FRANÇAISE
À LA CÔTE NORD DU SPITZBERG

EN 1693

UNE
CROISIÈRE FRANÇAISE
À LA CÔTE NORD DU SPITZBERG
EN 1693

PAR

M. E.-T. HAMY

MEMBRE DE L'INSTITUT, SECRÉTAIRE DE LA SECTION DE GÉOGRAPHIE
DU COMITÉ DES TRAVAUX HISTORIQUES, ETC.

(Extrait du Bulletin de géographie historique et descriptive, Nᵒ 1. — 1901.)

PARIS

IMPRIMERIE NATIONALE

MDCCCCI

UNE
CROISIÈRE FRANÇAISE
À LA CÔTE NORD DU SPITZBERG,
EN 1693.

Je terminais, il y a six ans, l'étude historique que je communiquais à la Section sur les relations de la France avec le Spitzberg au xviie siècle [1] en mentionnant en quelques lignes un document géographique fort intéressant que j'avais eu l'occasion d'examiner au Dépôt des cartes et plans de la Marine [2]. C'était une sorte de mappe, plutôt pittoresque, avec la mise en scène demeurée en usage chez les cartographes du temps, de *Partie de la Navigation qu'on[t] faites dans les glaces quatre Frégates du Roy, en juillet 1693, pour aller à la baye de Biersbay pour y prendre les vaisseaux hollandois de la Pêche de la Balayne.*

Les navires français et hollandais qui sont en conflit, les banquises et les ice-bergs qui servent de cadre à cette tragique aventure, tout cela est esquissé avec des proportions démesurées par rapport au contour des terres et des mers où se passe l'action dont il s'agit de fixer le souvenir. Mais la topographie est assez détaillée pour permettre de fixer, à peu de chose près, la situation des ports, des baies, des îles, etc., visités par les frégates du Roy. Et ces indications cartographiques se précisent encore par l'examen des documents originaux, instructions, rapports, correspondances, que l'on conserve dans les Archives de la Marine, aujourd'hui transférées aux Archives nationales.

J'ai copié ces diverses pièces et je les commente dans le petit mémoire ci-joint, à la suite duquel les lecteurs trouveront reproduits intégralement les textes originaux les plus importants ainsi que la carte elle-même, point de départ de ce modeste travail.

I

La lutte qui se prolongeait depuis cinq ans entre Louis XIV et les alliés de la Ligue d'Augsbourg (1688-1693) prend, sur mer.

[1] Cf. *Bull. de géogr. hist. et descrip.*, 1895, t. X, p. 159-182.
[2] Cf. 2, div. 7, p. 1.

après les batailles de Beachey-Head et de la Hougue, un caractère
nouveau de violente animosité. Ce n'est plus à détruire la flotte de
guerre de l'ennemi que vont désormais s'attacher les adversaires;
ils s'efforceront de supprimer les transactions commerciales en brû-
lant ou amarinant les navires marchands, en bombardant les
ports ouverts, etc., afin d'atteindre dans leurs sources les plus
profondes la fortune publique et privée. Dès lors, plus de grandes
batailles rangées, la course en escadres ou par navires isolés: Tourville à Lagos; Jean-Bart un peu partout, dans la Manche et ailleurs;
et, d'autre part, les attaques anglaises de Saint-Malo, de Cama-
ret, de Dunkerque et l'affreux bombardement de Dieppe...

... En même temps qu'il dressait les plans de cette entreprise
de Lagos (1693) qui coûta, dit-on, 30 millions aux Anglais et aux
Hollandais, Renau d'Eliçagaray, plus connu sous le sobriquet de
Petit Renau, conseillait une autre expédition bien moins importante,
sans doute, mais qui, vigoureusement conduite, devait, elle aussi,
contribuer pour une certaine part à ruiner la marine des Pays-
Bas. Il s'agissait de renouveler les attaques heureusement dirigées
par Panetié, quelques vingt ans plus tôt (1674), contre les baleiniers hollandais du Spitzberg.

On connaissait depuis longtemps chez nous l'importance des
produits tirés chaque année de la pêche à la baleine par les marins
des Pays-Bas; le *Mercure français*, de 1636, évaluait à seize le
nombre des navires baleiniers hollandais et à 800,000 livres leurs
profits annuels[1].

Aussi s'efforça-t-on, en France, à plusieurs reprises, de s'assurer
une part de ces bénéfices[2].

Dès 1621, la «Royale et Générale Compagnie du commerce
pour les voyages de long cours et Indes orientales», fondée par
François du Noyer, sieur de Saint-Martin, «controlleur general du
commerce», avait fait à la *pesche des baleines* une place dans son
programme[3]. Et en 1632 une Compagnie destinée à exploiter spé-
cialement la «pesche et fonte des baleines ès contrées du Nord et
autres lieux», s'organisait, grâce à l'entente de quelques marins basques et de plusieurs marchands hâvrais et rouennais. Elle équipa

----

[1] *Merc. français*, t. XII, 1636, p. 36.

[2] Cf. *Bull. de géogr. hist. et descrip.*, 1895, p. 165 et suiv.

[3] *Merc. franç.*, t. VII, p 800-801, 1621. — Cf. *Bull. de géogr. hist. et descrip.*, p. 171.

une petite flotte commandée par le basque Johannis Vrolicq, qui ne réussit pas à se maintenir au Spitzberg contre les Hollandais. Toutefois, l'échec de cette tentative ne découragea pas ceux qui l'avaient entreprise et, en 1644, une nouvelle compagnie se formait, plus riche et plus puissante, sous la direction d'un certain Claude Rousseau, bourgeois de Paris.

Le 20 août de cette même année, elle obtenait des privilèges extrêmement étendus[1] contre lesquels protestaient sans grand succès, au nom de la liberté commerciale, les corps de marchands de Paris et de Rouen [2]. Mazarin était dans l'affaire; il s'était fait nommer par la Reine Régente[3] surintendant de la Compagnie, et un brevet du 8 octobre 1645 l'autorisait à prendre des «marchands et autres associez» un présent «de la somme de 180,000 livres»[4] !

On équipa vingt-cinq grands navires armés en guerre [5], et pen-

[1] «Lad. Compagnie, dit un des articles, accordés par le Roy en son Conseil», aura *seule en France* «la permission de faire lad. pesche et fonte des baleines es lieux de la Neuve-Zemble, havre de Groënland, Spisbergen, Grand Baye, destroit Davis et autres lieux.» Elle aura, en outre, «la faculté de vendre morues et faire venir des pays estrangers et débiter l'huyle, le lard et les fanons de balaynes et choses de mer dans tout le Royaume.» (*Bibl. nat.*, *Ms franç.*, n° 18592, f° 114.)

[2] *Bibl. nat.*, *Ms franç.*, n° 18592, f° 124.

[3] *Arch. du Minist. des aff. étrang.*, *mém. et docum. France*, t. 852, f° 141.— Copie du xvii° siècle.

[4] A l'appui de leur protestation contre le monopole, les marchands de Rouen observaient que cette année (1645) «plus de dix mille barriques d'huile etoient entrées au Havre ..... dans dix-huit navires au nombre desquels il n'yen avait que *quatre* pour ladite Compagnie» (*Ms franç.*, n° 18592, f° 124). Ces marchandises étaient, d'ailleurs, en majorité d'origine étrangère, ainsi que la lettre du Roi à Mazarin (*Ibid.*, f° 124) en veut bien convenir. «La pesche et fonte des balaynes et chiens de mer» a été «jusques ici» exploitée par les étrangers «des mains desquels nos subjects sont obligez d'achepter les fanons et les huiles qui en proviennent», ce qui fait sortir chaque année de France «40 à 50 millions».

[5] On ne lira pas sans intérêt l'histoire sommaire de toute cette entreprise que j'emprunte à une plaquette très rare intitulée : *Memoire servant de Remonstrance à Nosseigneurs du Parlement pour la Compagnie du Nord, establie en France pour la pesche des Ballaines*, dont un exemplaire est relié dans le manuscrit français n° 17329 de la Bibliothèque nationale (f° 424-427).

«La Pesche et fonte des Ballaines, dit le mémoire, a esté anciennement incogneüe à toutes les nations du monde, excepté aux Basques, qui l'ont pratiquée de temps immémorial, en leurs costes, et ailleurs où ils en pouvoient descouvrir; Et n'a esté à la cognoissance des estrangers, que depuis cinquante ans, apres que par la descouverte des terres de Groenland, Spisbergue et Nova-Zembla, les Bas-

dant quelques années, la Compagnie du Nord exploita son privi-
lège, qui fut même renouvelé en 1669; mais dès 1671, il n'est

ques eurent recogneu qu'il y avoit nombre de Ballaines en ces contrées-là, et
qu'ils y eurent esté faire la pesche. Lors diverses Nations entreprirent de former
des Compagnies pour faire aussi ladite Pesche; mais pour ce que les etrangers en
ignoroient l'adresse, ils furent contraints d'y appeler lesdits Basques, à l'ayde desquels ils ont tiré des grands advantages de cette pesche, et se sont establis dans
lesdites Contrées.

« Et comme lesdits Basques et autres particuliers François avec eux, pretendant
y avoir mesme droict que les autres nations, voulurent continüer ladite pesche et
y envoyer des vaisseaux, ils en furent chassez, leurs Navires pris et leurs personnes
emprisonnées par les Anglois, Dannois et Hollandois, qui par le moyen de leurs
Compagnies, s'estoient rendus les plus forts dans le pays. De sorte qu'ils en de-
meurerent les seuls possesseurs, et ont continué cette pesche longues années à
l'exclusion des François.

« De quoy lesdits Basques, à qui cet exercice est naturel et important pour le
soustient de leurs familles, qui ne subsistent que par la Navigation, à cause de
l'infertilité de leurs terres, et lassez d'estre obligez de sortir de leur patrie, pour
servir ceux-là mesme qui leur faisoient ce grief, rechercherent les moyens de faire
une Compagnie en France, afin d'avoir des forces capables de pouvoir se maintenir contre la violence desdits estrangers. Pour cet effet s'estans associez avec
quelques marchands de Rouen et du Havre de Grace, ils en obtindrent la concession du Roy Louis XIII, en l'année 1632, avec tous les privileges et préroga-
tives accoustumées en tel cas, en tous les endroits de l'Europe, et notamment en
Angleterre, Hollande et Dannemarc. Ensuite de quoy ladite Compagnie equippa
une flotte sous la conduite du capitaine Joannis Vrolicq, Basque, qui s'empara du
port qu'il nomma St Louys, dans la terre Spisbergue; mais cette Compagnie s'estant trouvée trop faible pour resister à la puissance desdits estrangers, et entre
autres des Hollandois, il fut impossible audit Vrolicq de faire ladite pesche. Et
de cette façon ladite Compagnie fut ruynée et les intéressez y souffrirent de grandes
pertes. Pour raison desquelles ils obtindrent lettres de represailles contre lesdits
Hollandois, qui furent sans effet à cause de la ligue et alliance qui estoit entre la
France et eux. Ce qui a contraint ladicte Compagnie à cesser ladite Navigation.

« Par la ruyne de cette Compagnie, lesdits Hollandois demeurant les Maistres
de cette pesche, le furent aussi de tout le commerce qui s'en faisoit en France,
d'où par ce moyen ils tiroient annuellement plus d'un million d'or et d'argent et
reduisirent de ce chef les Matelots Basques à la nécessité d'aller chercher chez eux
l'employ qu'ils n'avoient plus en ladite Compagnie, ou de passer au service des
ennemis de l'Etat desquels ils sont voisins.

« Cette injure faite à la Nation Françoise, estoit trop insuportable pour demeu-
rer sans ressentiment et les Basques avoient trop d'interest à restablir cette pesche
pour n'y pas faire un nouvel effort. C'est pourquoy en l'année 1644 divers Marchands joints avec quelques uns desdits Basques, prirent derechef résolution de
former la Compagnie, qui est à présent, et de la faire si puissante, qu'elle ne
peust estre subjuguée.

« Pour cet effet ils firent un fonds très-notable, équipèrent ving-cinq grands plus fait que des allusions vagues à la présence de navires français dans la mer Glaciale [1].

Les Hollandais y sont demeurés seuls, et lorsque Panetié, achevant sa croisière de 1674, pousse jusqu'au 77° degré, il ne rencontre devant lui que le pavillon des États.

Avec ses trois frégates, le marin boulonnais se rend maître de dix navires de Hollande, en charge deux avec le contenu des autres « qui etoit lard des baleines et quelques fanons » en brûle sept et fait servir le dernier à « reporter les équipages dans leur pays » [2].

La campagne de 1693 fut plus désastreuse encore pour les pêcheurs des Pays-Bas, malgré l'insuffisance notoire du chef de l'expédition.

Comme on n'avait pas sous la main d'officiers supérieurs connaissant les mers polaires, on dut se contenter de donner le commandement à l'un des capitaines de vaisseau attachés pour l'instant au port de Bayonne, le seul du littoral où l'on pût réunir aisément un équipage expérimenté. Ce fut M. de La Varenne, nommé capitaine du *Pélican*, depuis le 28 janvier 1693 [3], mais on adjoignit à ce chef improvisé tout un corps d'officiers basques, parmi lesquels brillait au premier rang *Johannis de Suhigaraychipé*, plus connu sous les sobriquets de Coursic (*le petit corsaire*) ou de

Navires armez en Guerre, et en demandèrent au Roy la concession qui leur fut accordée. Après que Sa Majesté et Nosseigneurs de son Conseil eurent meurement examiné et fait toutes les considérations nécessaires pour le bien publicq, Et après avoir sur ce ouÿ les Marchands de Paris, Rouen, du Havre et autres lieux, A condition que ladite Compagnie équipperoit annuellement vingt-cinq à trente vaisseaux pour envoyer à ladite pesche, Qu'elle n'achepteroit aucunes huilles dans les pays estrangers, sinon en cas de naufrage ou de mauvaise pesche, Qu'elle ne pourroit vendre ses huilles qu'en gros et à quatre vingts escus le tonneau prises à bord ; Prix qui estoit beaucoup au dessous de ce qu'elles s'estoient vendües quelques années auparavant, mais qui fut ainsi réglé à l'instance desdits Marchands, sur le pied d'une année commune et sur ce qu'elles avoient vallu les dix années précédentes, l'une portant l'autre ; Et afin qu'aucun de ses sujets ne fut privé de l'advantage de ladite pesche elle voulut que tous ceux qui désireroient entrer en ladite Compagnie y fussent reçus.

« A toutes lesquelles conditions ladite Compagnie soustient auoir satisfait et que sa conduite s'est rendüe principallement recommandable par sa fidelité.. »

[1] Cf. *Bull. de géogr. hist. et descript.*, 1895, p. 182.

[2] *Journal du corsaire Jean Doublet, de Honfleur, lieutenant de frégate sous Louis XIV*, publié par Ch. Bréard. Paris, 1887, in-8°, p. 37-38.

[3] *Arch. nat. Marine*, B² 89, f° 268, v°.

Croisic (*le petit croiseur*), qui, depuis six ans, avait capturé plus de cent navires aux Espagnols et aux Hollandais [1].

Coursic est capitaine de frégate légère depuis le 22 mars 1692 [2] et commandera *l'Aigle*. Un basque de Bidart, Louis de Harismendy, qui a le même grade, embarque sur *le Favory* [3]. Larreguy, capitaine en second; Etchebehere, enseigne; et un certain nombre d'officiers mariniers et de pilotes, également basques, prêtent en outre un précieux concours à l'expédition [4].

II

La Varenne, rentré à Bayonne avec *le Bizarre*, met ce bâtiment en état d'aller à l'île d'Aix à la *maline* du 23 mars [5] et recrute sur place 230 hommes d'équipage [6]. Begon lui envoie, de Rochefort, un certain nombre d'officiers mariniers et, un peu plus tard, 50 soldats qui complètent son équipage. Enfin, après de longs retards occasionnés par les lenteurs de l'armement, puis par un échouement à la sortie du port, *le Pélican* se rencontre dans la rade de Saint-Jean-de-Luz avec *l'Aigle* et *le Favory*, auxquels s'est joint le

[1] Cf. E. Ducéré, *Histoire maritime de Bayonne. Les Corsaires sous l'ancien régime*. Bayonne, Henriquet, 1891, 1 vol. gr. in-8° : ch. xxxiii, *Le capitaine Coursic*; ch. xxxiv, *Les Corsaires bayonnais au Groenland*. — M. Ducéré raconte sommairement l'expédition de 1693; il n'a eu que des documents en petit nombre et il exprime l'espoir que les pièces qui lui font défaut seront mises au jour «pour la plus grande gloire de ces obscurs héros». C'est précisément la tâche que je me suis imposée dans ce petit travail.

[2] «Sa Majesté a eu agréable, écrit le Ministre au duc de Grammont, d'accorder au S' Courzic un brevet de capitaine de frégatte légère et je vous l'envoyeray incessamment. Sa Majesté a estimé que cela convenoit mieux et luy feroit plus de plaisir qu'une médaille.» Il s'agissait de récompenser le corsaire bayonnais d'une action d'éclat signalée par Grammont le 12 mars 1692. (*Arch. nat. Marine*, B² 83, f° 594.)

[3] Louis de Harismendy, né à Bidart en 1645, marié en rentrant du Spitzberg, le 27 septembre 1693, à demoiselle Marie de La Fourcade, reprenait le 26 avril suivant le commandement du *Favory* (*Arch. nat. Marine*, B² 96, f° 100 v°). Il est parvenu, dans la suite, au grade de capitaine de vaisseau.

[4] Nommons encore la Touche-Porrée et Vaujoyeux, officiers sur *le Pélican* (*Arch. nat. Marine*, B² 88, f° 167 et 219.)

[5] *Arch. de la Marine*, B² 89, f° 628 v°. — On nomme *maline* «le temps des grandes marées à la nouvelle et à la pleine lune».

[6] *Ibid.*, f° 684.

Prudent, de Saint-Malo, à la tête duquel se trouve Jacques Gouin de Beauchene, qui va plus tard s'illustrer dans les mers du Sud [1].

Contrariée par les vents, la petite escadre était encore, au bout de six jours, en vue de Santoña, à l'Est de Santander. Mais, le 5 juillet, le vent ayant porté au Nord-Est, les frégates purent enfin se mettre en route et elles avaient atteint, le 20, le 63ᵉ parallèle. On tint conseil sur l'initiative de Coursic, et l'on décida que, malgré la saison avancée, on profiterait du temps très favorable pour pousser jusqu'au Spitzberg et faire à l'ennemi le plus de mal possible.

Le 29, on arrive à la baie de la Madelaine, et les opérations militaires commencent aussitôt.

Les premiers navires que l'on rencontre sont des Danois, qu'il est ordonné de bien traiter. Dans les baies du Sud et du Nord, qui font partie du grand fjord, couvert du côté du large par les îles du Danois et d'Amsterdam, on aperçoit les premiers Hollandais et on leur donne la chasse. Plusieurs de ces derniers réussissent à s'échapper, l'alarme est répandue et l'ennemi va pouvoir se préparer à la résistance. L'ardent Coursic a pris les devants; il découvre au Nord-Est, dans les glaces, une cinquantaine de navires, sollicite et obtient de M. de Varenne la permission d'aller les attaquer avec Harismendy. Et, tandis que le commandant en chef reste en arrière pour garder les vaisseaux danois et hollandais qu'on a précédemment saisis, *l'Aigle* et *le Favory* s'avancent hardiment dans les glaces, traversent la banquise et, le 5 août, se trouvent à l'entrée de la baie aux Ours, en présence de l'ennemi.

Une langue de terre, à l'embouchure de la baie, a été armée d'une batterie qui tente vainement d'arrêter les deux frégates; au fond sont rangés en croissant 40 vaisseaux hollandais.

On approche, à l'aide des chaloupes, à demi-portée de canon, on mouille une ancre et l'on se met en place pour le combat. Etchebehere, enseigne à bord de *l'Aigle*, qui parle hollandais, s'avance en parlementaire pour sommer les ennemis de se rendre. Ceux-ci, qui comptaient 1,500 hommes et 300 pièces de canon, pensent n'avoir rien à redouter de « deux moyennes frégattes ». Et le combat commence et se poursuit pendant cinq longues heures avec acharnement. Les décharges des Hollandais « alloient autant prompte-

____

[1] *Ibid.*, B² 90, f° 70 v°, 322, 533 v°, 657 v°, 725.

ment que sy ce fut esté la mousqueterie », dit le récit de la bataille. Mais les frégates françaises faisaient un feu bien plus terrible, — chacune d'elles a tiré environ 1,600 coups, — et si l'eau n'eût pas été « aussi tranquille que dans une fontaine » la plupart des bâtiments ennemis auraient coulé bas.

A la fin, les Hollandais prirent le parti de s'enfuir, coupant leurs câbles et se faisant remorquer par les chaloupes fort nombreuses dont ils étaient pourvus; les frégates n'avaient plus que deux chaloupes en tout, les deux autres ayant été coulées pendant la lutte; elles furent obligées de se faire touer sur leurs ancres pour atteindre la passe où défilait la flotte ennemie et il ne fut possible de saisir que les treize derniers vaisseaux, dont deux, fort endommagés, furent brûlés aussitôt.

L'Aigle et *le Favory* avaient de fortes avaries que l'on se hâta de réparer tant bien que mal. Malheureusement, la dernière de ces frégates avait perdu dans le combat un officier aussi brave qu'expérimenté, le capitaine en second de Larreguy.

Dès le 7 août au soir, *l'Aigle* et *le Favory* quittaient la dangereuse baie aux Ours, où les glaces menaçaient de les surprendre, et, le 10, la petite escadre était de nouveau réunie tout entière dans la baie du Sud. Aux onze flûtes capturées par Coursic et Harismendy s'en joignaient deux que venait de ramener Beauchene et deux autres encore qu'avait prises M. de Varenne.

Le 12, le commandant appareilla pour les Orcades avec *le Pélican* et *le Prudent*, laissant à Coursic le soin d'expédier les navires que l'on devait garder et de brûler les autres. Les seize danois ou soi-disant tels (c'étaient pour la plupart des hambourgeois naviguant avec des passeports de Danemark) furent renvoyés chez eux, emmenant les équipages des Hollandais. Des vingt-huit navires de cette nation dont on avait pu s'emparer, dix-sept furent incendiés, onze conduits en France.

Ce ne sont pas d'ailleurs les seules pertes imposées à l'ennemi dans cette croisière. Une seule pinasse, chargée de bonne heure, a pu rentrer en Hollande avec douze baleines, avant l'arrivée des Français. Tous les autres navires ont manqué leur pêche et sont revenus à vide : c'est une ruine pour les armateurs des États.

Le retour en France s'effectua rapidement et sans encombre.

Le Favory atterrissait le premier, dès le 9 septembre, entre Biarritz et Cap-Breton avec les cinq flûtes qu'il escortait, et La

Boulaye s'empressait de le faire entrer à Bayonne pour le mettre en état de reprendre bientôt la mer.

L'Aigle suivait de près et, dès le 22 du même mois, il ne manquait plus qu'un des bâtiments capturés, qui arrivait peu après sous la conduite de Haguette.

La Varenne, retardé par des ordres qu'il avait trouvés sur sa route [1], mouillait sur la rade de Belle-Isle dans les premiers jours d'octobre. Blâmé pour son inertie [2], il remettait *le Pélican* au capitaine de frégate du Vignau (14 octobre) et demeurait à Rochefort, devenu son port d'attache.

Quant à ses lieutenants, ils reprenaient bientôt la mer pour protéger le retour des *terrencuviens* français et «tâcher de prendre ceux des Anglais». L'un d'eux avait remis au duc de Gramont le plan de l'expédition qui fut placé sous les yeux du Roi. «Sa Majesté, écrivait le Ministre de la marine au gouverneur de Bayonne, Sa Majesté a veu avec plaisir le plan que vous luy avez envoyé de la baye où les sieurs Coursic et Harismendy ont attaqué les pescheurs hollandois. Sa Majesté a esté très satisfaite de ce que ces deux officiers et leurs équipages ont fait en cette occasion et vous pouvez les asseurer qu'Elle se souviendra quand il y aura lieu de leur faire plaisir.»

Le plan dont il est ici question est celui dont on va trouver ci-après la reproduction exacte. On y voit tout le Nord du Spitzberg depuis l'extrémité septentrionale de l'île du Prince-Charles jusqu'à la baie des Narvals. Les sinuosités de la côte sont assez bien tracées de la baie des Anglais à la baie de la Madelaine (A). On retrouve à leur place les îles du Danois et d'Amsterdam; à l'Est de ces deux terres, le grand fjord où s'ouvrent les baies du Sud (B) et du Nord (C), puis le Beau-Port, la Pointe Platte, la baie Rouge [3], et, moins assurées dans leurs contours, la baie Large, la Demi-Lune, où les frégates ont mouillé; le cap Lointain, enfin le détroit de Hinlopen. C'est la baie Lomme qui s'ouvre sur la rive occidentale de ce bras de mer, à peu près vers son milieu, qui paraît correspondre le mieux à cette baie aux Ours, Biersbay [N], qui a été le théâtre du violent combat naval du 6 août 1693.

[1] Voir plus loin à la correspondance officielle.

[2] Voir plus loin les lettres du 16 sept. et du 6 oct. 1693.

[3] Je prends toute cette nomenclature sur la carte de Martins (*Tour du Monde*, t. XII, 287ᵉ Livr.).

PIÈCES JUSTIFICATIVES.

I

INSTRUCTION POUR LE SIEUR DE LA VARENNE, COMMANDANT LE VAISSEAU DU ROY *LE PÉLICAN* [1].

Le Roy ayant résolu de destruire les vaisseaux des ennemis qui font la pesche de la baleine en Groenland, Sa Majesté a fait choix du sieur de la Varenne pour avoir la conduitte de cette expédition, estant persuadé qu'il s'en acquittera à son entière satisfaction. Le sieur de la Boulaye [2] luy donnera les pilotes pratics de cette mer la et d'autres officiers mariniers qui connoissent tous les endroits où les ennemis font leur pesche.

Le dit sieur de la Boulaye a escrit qu'il y avoit à Bayonne un vaisseau de Saint-Malo armé en course [3] et monté de 5o pièces de canon qui pourra estre employé à cette expédition et Sa Majesté est persuadée qu'avec ce navire, *le Pelican* qu'il monte et les frégattes *l'Aigle* et *le Favory*, il sera en estat d'exécuter cette entreprise avec succez. Elle luy permet cependant de mener avec luy d'autres corsaires de Bayonne et de Saint-Jean-de-Luz s'ils veulent le joindre.

L'intention de Sa Majesté est qu'il parte avec cette escadre le 2o de ce mois au plus tard et qu'il aille directement aux endroits ou les pilottes que le sieur de la Boulaye luy aura donné luy marqueront que se fait cette pesche.

Il observera d'y paroistre de manière que la nouvelle de sa venu ne donne le temps à aucune partie de ces vaisseaux de s'enfuir, et pour cet effet il fera garder les passages par une partie des vaisseaux qu'il commande et il fera l'expédition avec les autres.

Il doit estre adverty que cette pesche se fait par les Anglois, les Hollan-

---

[1] Ces instructions sont datées «Au Quesnoy, le 2 juin 1693 (*Arch. Nat. Marine*, B² 88 f° 164 v°).

[2] Intendant de la Marine à Bayonne.

[3] *Le Prudent*, commandé par Jacques Gouin de Beauchene, de Saint-Malo était sorti du port avec 29o hommes, nous dit le corsaire Doublet, qui ne lui attribue que 44 canons (*Journal du corsaire Jean Doublet...* publié par Ch. Bréard. Paris, 1887, in-8° pp. 194-195).

dois et les Hambourgois, et que presque tous ces derniers et une partie de Hollandois auront le pavillon de Dannemark.

Sa Majesté veut qu'il brusle ou coule à fonds sans quartier tous ceux qui auront le pavillon anglois, hollandois et hambourgois; et à l'esgard de ceux qui auront la banière danoise, il examinera s'ils sont effectivement danois ou s'ils sont masquez; il laissera continuer leur pesche à ceux qui sont effectivement danois, et leur donnera mesme tous les secours qui pourront dépendre de luy, et à l'esgard de ceux qui seront suspects et que les basques reconnoistront pour estre hambourgois et hollandois il les amarinera, il fera achever leur cargaison des marchandises des vaisseaux qu'il aura bruslé ou coulé à fonds si cela se peut sans trop de retardement, et les envoyera ensuite en France sous l'escorte de deux des bastimens de son escadre avec ordre à celuy qui les commandera de venir atterir au cap Finisterre, où il pourra apprendre des nouvelles où sera l'armée navalle des ennemis, afin de l'esviter; il fera mettre sur ces vaisseaux les équipages de ceux qui auront bruslé ou coulé à fonds, mais en cas qu'il y ait trop de monde Sa Majesté luy permet de conserver 4 à 5 vaisseaux, d'y faire embarquer les équipages et de leur permettre d'aller droit dans leur pays après toutes fois leur avoir osté toutes leurs marchandises et les outils avec lesquels ils font la pesche, et les avoir gardé jusqu'après le départ des vaisseaux qu'il renvoyera en France.

Après avoir fait partir ce convoy, il ira avec les vaisseaux qui luy resteront croiser sur les Orcades, il y trouvera quatre vaisseaux de Saint-Malo ausquels il se joindra et croisera avec eux dans ce parage autant que les vivres qu'il aura pourront le luy permettre.

Si ces vaisseaux font quelques prises considérables, il les fera amariner et les envoyera comme il luy est expliqué cy-dessus, c'est-à-dire en observant de reconnoistre le cap de Finisterre; et à l'esgard de celles qui ne seront pas importantes il les fera brusler et couler à fonds et en fera mettre les équipages soit dans les isles, soit à la coste d'Escosse.

Comme Sa Majesté pourra avoir de nouveaux ordres à luy donner pendant qu'il sera sur cette croisière, elle veut qu'il envoye de temps à autre une frégatte aux isles de Ferro qui reconnaisse[nt] le roi de Dannemark où elle pourra luy envoyer des ordres, et comme dans ce cas il pourra avoir besoin des corsaires de Saint-Malo dont il est parlé cy-dessus, il trouvera icy joint un ordre de Sa Majesté pour les obliger de le suivre.

En cas qu'il ne reçoive point d'ordres nouveaux, lorsqu'il ne restera plus de vivres que pour revenir en France il partira de cette croisière pour rendre le bord à Bayonne, mais il fera en sorte de ne partir qu'en mesme temps que les corsaires de Saint-Malo.

Il tiendra le plus qu'il pourra la route des vaisseaux d'Hollande qui reviennent des Indes en cas qu'ils ne fussent pas passez en ce temps, et s'il les trouve, Sa Majesté se remet à luy de la manière de les combattre, vou-

lant en ce cas qu'il les attaque; S'il estoit assez heureux pour en prendre
quelques-uns il les aménera en France avec les précautions cy-dessus expli-
quées.

En attendant le jour qui luy est marqué pour son départ pour l'entreprise de Groenland, Sa Majesté désire qu'il croise sur les costes d'Espagne
pour tascher d'enlever quelques uns de vaisseaux anglois et hollandois
qu'on y attend.

Sa Majesté a donné ordre au sieur duc de Gramont de luy faire part des
advis qu'il peut avoir de l'arrivée de ces vaisseaux; et Sa Majesté désire
qu'il se conforme à ce que le dit sieur duc de Gramont luy dira à ce sujet.

Fait au Quesnoy le 2 juin 1693.

II

RELATION DU VOYAGE DE SPITSBERGEN EN GROLAND, PAR QUATRE FRÉGATTES,
SOUS LES ORDRES DE M. DE LA VARENNE, CAPITAINE DE VAISSEAU [1].

Le 30° juin au matin sortirent de la radde de Saint-Jean-de-Luz, sçavoir
le Pélican commandé par ledit sieur de la Varenne, *l'Aigle* par le sieur de
Croiziq, *le Favory* par le sieur de Harismendy, ffregattes du Roy et *le Prudant*, de Saint-Malo, par le sieur de Beauchene.

Le mesme jour estant deux lieux en mer, les capitaines susdits furent à
bord dudit sieur de la Varenne commandant, lequel leur donna à chacun
vne lettre de Monseigneur le duc de Gramont, par laquelle il leur donnoit
ordre de suivre ceux dudit sieur commandant dans la destination du pré-
sant voyage suivant les ordres qu'il en avoit reçeus de Sa Majesté. Et en
outre [2] ordonnoit ausdits capitaines de donner audit sieur commandant
deux pillotes chacun, qui feussent experimentez à la pesche de la balaine,
et le sieur de Larreguy, capitaine en second sur *le Favory*, ce qui fut exécuté.

Et ayant fait route, le temps ne fut guiere favorable jusques au 5° juillet, auquel jour nous estions nord et sud de Saint'ogne [3] a la veüe de
terre, ou nous apperçeumes trois vaisseaux faisant la route du Nord. Et a
midy, le vent ayant porté au nord-est, nous poursuivîmes la nostre.

---

[1] *Arch. nat. Marine*, B⁴ 14, f⁰ 522 et suivants.

[2] Les deux mots *Sa Grandeur*, effacés et la note suivante : «C'est un Basque
qui escrit». On sait par la suite de la relation que l'auteur est à bord du *Favory*,
et les détails circonstanciés qu'il est en mesure de fournir sur les préliminaires
du combat du 6 août semblent démontrer que c'est l'enseigne d'Etchebehere,
basque ainsi que son nom le prouve, qui a tenu la plume.

[3] Santoña, port et place forte, à 31 kilomètres à l'est de Santander.

Ce mesme jour M. de la Varenne nous communiqua les ordres de Sa Majesté et vne Instruction de Monseigneur le Duc [1], au sujet du presant voyage.

Despuis le 5° juillet jusques au 20° ditto, nous parvînmes par les 63 degrez de lattitude, et ce mesme jour (vers les 9 heures du matin) le sieur Croiziq fut à bord dudit sieur commandant pour luy représanter l'importance qu'il y avoit à ne perdre pas de momant du temps favorable pour tacher de nous rendre, au plus tost, au lieu de notre destination. Ce quy obligea ledit sieur commandant à faire arborer pavillon de conseil, ledit sieur de Croiziq restant dans ledit bord, ou lesdits sieurs de Beauchene et de Harismendy se rendirent. Il y fut declaré par ledit sieur commandant sy l'on trouvoit à propos de continuer la route pour Spitsberguen, nonobstant qu'il croyoit que le temps estoit desjà avancé pour y pouvoir reüssir, ou bien s'il convenoit mieux de rester vers les Isles de Fero [2] et des Orcades pour y croiser, sur quoy il demandoit l'avis desdits capitaines, lesquelz aiant conféré entr'eux conjointement avec le sieur de Larreguy, Ilz opinèrent à poursuivre la route pour Spitsberguen, attandu que le vent estoit favorable, et que consequammant nous pouvions espérer d'y arriver assez à temps pour nuire aux ennemis, conformemant aux ordres de Sa Majesté, à quoy ledit sieur commandant acquiesca. Le résultat fut rédigé par escrit signé dudit sieur commandant et capitaines ledit jour 20° juillet.

Et du despuis ayant continué ladite route nous vîmes terre le 28° dudit mois au matin quy estoit celle de Spitsberguen.

Le 29° ditto nous apperçeûmes un navire venant des glaces et l'ayant caché [3], *le Prudant* le joignit le premier, c'estoit un Dannois sans aucune balaine et quy alloit dans quelque baye, nous le retinmes avec nous et nous estant approchés de ladite terre et la cottoyant de prez, nous aperçumes 2 navires à l'ancre dans la baye nommée de la Magdalaine [4] lesquels nous fismes appareiller afin de nous suivre ce qu'ilz firent. Cestoient encore des Dannois et continuant nostre route, nous fusmes à la baye du Sud [5] ou nous rencontrasmes 15 à 16 navires, tant Dannois que Hollandois, dès que

[1] Charles Antoine de Grammont, duc et pair de France, prince souverain de Bidache, comte de Guiche et de Louvigny, lieutenant-général des armées du Roi, vice-roi de Navarre et de Biscaye, *gouverneur de Bayonne*, âgé alors de cinquante-trois ans.

[2] Feroë.

[3] Chassé.

[4] C'est la baie bien connue qui s'ouvre à l'Ouest, immédiatement au Sud des îles du Danois et d'Amsterdam.

[5] Cette baye du Sud ou des Anglais (English bay, Zudgat) et la baie du Nord qui n'en est séparée suivant notre relation, que par une demi-heure de marche, correspondent au fjord que les îles du Danois et d'Amsterdam ferment à l'Ouest et qui porte dans nos cartes le nom de baie Smeerenberg.

ceux-cy nous aperçeurent et nous ayant apparamment recogneus, ils firent leur possible pour nous éviter et pour cest effet ils appareillèrent et se faisoient remolquer par leurs chaloupes, affin de passer par des endroits qu'il y a dans ladite baye en d'autres quy nous estoient inconnus. Mais ils en furent empechez par nos fregattes, et dans le temps que *le Favory* estoit à l'embouchrure de ladite baye pour y entrer aveq les autres fregattes, M. de la Varenne luy ordonna de se rendre incessamment à la baye du Nord (distante de 2 lieux de celle du Sud) pour y arrester les vaisseaux qu'il pourroit y rencontrer et pour cest effet ayant mis en route pour tacher d'y aller il en fut empéché tant par le calme et après icelluy par le vent contraire quy luy survint et quy favorisoit les vaisseaux quy étoient dans ladite baye du Nord : comme en effet il en sortit 3 à nostre veue sur l'avis (que nous avons appris du despuis) qu'ils receurent de la baye du Sud de l'arrivée des fregattes de France, n'y ayant que demye heure de chemin par terre de l'une baye à l'autre. L'évazion de ces 3 vaisseaux nous fit aprehender avec raison qu'ilz avertiroient ceux qu'ilz pourroient rencontrer et que, par conséquent, ce nous estoit un grand obstacle pour la réussite de nostre dessein; Le mesme soir et lesdits 3 navires estant à nostre veüe, le sieur Croiziq joignit *le Favory* après avoir bien faict son devoir par sa vigilance à la dite baye du Sud, de laquelle il ressortit sans y avoir mouillé l'ancre; le commandant et *le Prudent* resterent dans ladite baye avec quatre navires Hollandois et le reste Dannois, et outre les 4 il y avoit 2 autres Hollandois dans un recoin de la baye du Sud. Lesquels s'en furent par un endroit quy estoit hors de la connoissance dudit sieur commandant, lequel en ayant esté averty envoya sa grande chaloupe armée avec son lieutenant pour tascher de les arrester, ce qu'il ne peût faire ayant trouvé résistance supérieure à ses forces.

Le 30ᵉ ditto, *le Favory* print une pinace [1] hollandoise neufve, avec 10 pièces de canon, venant des glaces, sans aucune balaine, et ledit jour *l'Aygle* poussa sa route vers le Nord, après avoir pris une flutte hollandoise.

Le 31ᵉ ditto, *le Favory* print encore deux fluttes hollandoises et une danoise avec lesquelles et la pinace il se rendit vers la minuit à la baye du Sud ou le commandant estoit. Il est à remarquer que dans la saison que nous avons été en Groenland, le soleil y éclaire aussy bien la nuit que le jour, jusques à la fin d'aoust, sans quoy ces endroits seroient impraticables tant à cause des glaces que de la rigueur du climat.

Le 1ᵉʳ d'aoust *l'Aigle* arriva en ladite baye du Sud à 3 heures du matin avec deux fluttes hollandoises qu'il avoit pris parmy les glaces, et en brula

---

[1] *Pinace* ou *pinnace*, petit vaisseau «long, étroit et léger». Le père Fournier croit que ce type est originaire de la côte basque (Cf. Julien de la Gravière, *Les Anglois et les Hollandois dans les mers polaires*, à Paris, 1890 in-12, t. I, p. 6 n 2).

une troisième, ayant à la veüe environ 5o navires de la mesme nation et
dès le momant que cette fregatte eut mouillé à l'emboucheure de ladite baye
le sieur Croiziq se rendit à bord du sieur commandant et passant par
celluy du *Favory* dit au sieur de Harismendy de s'y rendre aussy ce qu'il
fit ou estant ledit sieur Croiziq fit audit commandant un narré complet de
ce qu'il avoit descouvert, l'assurant avoir veü environ 5o navires hollandois parmy les glaces et aux environs, lesquelz ne pourroient se maintenir
long temps dans cest endroit à cause du danger qu'ils auroient de rester
entièrement dans les dites glaces, sans pouvoir s'en libérer (comme il leur est
arrivé plusieurs fois) et que par ainsy il estoit comme infaillible de n'avoir
la plus grande partie desdits vaisseaux soit les attendant le long des glaces,
ou bien y entrant trouvant l'occasion favorable. Et enfin, quoiqu'il y eût
du risque, on pouvoit espérer de detruire entièrement ou la plus grande
partie desdits vaisseaux. Enfin ledit sieur Croiziq représanta tout ce qu'il
se pouvoit en cette occasion. Pour lors M. de la Varenne luy respondit
qu'il loüoit fort son zèle et qu'il consentoit qu'il allat à cette expédition
avec *le Favory*, et que si *le Prudant* (qui pour lors estoit en mer) revenoit
en bref il l'envoiyeroit pour nous joindre. Et que cependant il resteroit
dans ladite baye pour y garder les vaisseaux hollandois et danois qu'il y
avoit en icelle. Il recommanda audit sieur Croiziq de faire son possible
pour revenir au plus tost, d'autant qu'il souhaitoit partir incessamment.

Après quoy et sans perdre un momant, *l'Aigle* et *le Favory* appareillèrent et firent route vers le Nord, mais le calme et peu de vent que nous
eûmes empecha que nous ne découvrimes rien depuis le 1 d'aoust jusques
au 4 que nous rencontrâmes un banc de glace quy contenoit 2 lieue en
latitude et à perte de veüe longitude et y ayant remarqué quelques ouver-
tures nous resoleumes de les traverser ce que nous fismes heureusement.
Nous voyons pour lors quelques vaisseaux et la mer libre des glaces, et les
ennemis s'estant appercus que nous avions traversé ledit banc (quoy qu'ils
en estoient assez loing) s'aprocherent vers le grand banc, ce que nous
fimes aussy, sans néanmoins en avoir peu prendre aucun, et ayant suiui
nostre route jusques au 5 et estant bien prez des grandes glaces, nous apperçeumes le long d'icelles et au dedans environ 45 vaisseaux quy firent,
estant dans lesdites glaces, diuersion et en ayant veu 9 prez de terre de la
baie nommée Beerbay et en françois la baye aux Ours, les sieurs Croiziq
et Harismendy après avoir consulté ensemble résolurent d'aller vers lesdits
9 vaisseaux nonobstant l'empechemant de quelques glaces et ayant fait
route pour aller et après avoir cinglé pandant une heure ils furent contraints
de mettre au plus prez du vent a petite voyle pour éviter lesdites glaces.
Une broüée fort eppaisse estant survenue (laquelle est très fréquante dans ce
païs et incommode beaucoup).

Le 6ᵉ dudit mois vers la minuit le temps devint clair et nous ne vismes
parmy les glaces que 3 vaisseaux et 4 quy estoient à l'embouchure de Beer-

bay [1] ou nous en avions veü le jour avant 9 et ayant reconnu que les dits
4 entroient dans ladite baye nous inferâmes que les autres 9 y pourroient
estre avec plus grand nombre. Nous considérames aussy cette occasion
comme fort fauorable pour faire un beau coup et résolûmes d'y aller et
ayant mis en route pour y parvenir, le calme survint et nous obligea d'esqui-
per 4 chaloupes [à] chaque fregatte, desquelles nous nous estions munis des
vaisseaux pris. Et nous aprochant de ladite baye (la sonde à la main, nous
vismes une langue de terre à l'emboucheure d'icelle, et au-dessus fort prez
une petite hauteur sur laquelle il y avoit un pavillon hollandois arboré et
estant plus proche nous vismes une barriquade avec du canon. Nous ne
doutames pas que cette précaution des ennemis pourroit nous incommoder,
mais toutefois nous ne conçeumes par le moindre sentiment de désister de
nostre entreprise mais bien au contraire de continuer à nous aprocher de la
dite baye ce que nous fismes et estant parvenus vers l'endroit de la dite
barriquade les ennemis se contanterent de nous saluer de quelques coups
de canon à boulet quy ne nous causerent nul dommage, et comme pour lors
nous descouvrismes le fondemant de la baye, nous apperçeumes aussy tost
le nombre de 40 vaisseaux ayant tous pavillon hollandois, parmy lesquels
on distingoit ceux d'admiral, vice-admiral et contre-admiral, desquels ils
avoient apparamant fait entre eux l'élection à nostre occasion, et générale-
mant tous les vaisseaux establis en bon ordre pour la deffanse, en forme
de croissant : cependant nous nous aprochames de nos ennemis au moyen
de nos chaloupes, a demy portée d'un canon de 3 ll. quy fut tout ce que
nous pûmes faire à cause du grand calme et du courant, après quoy
nous mouillames un ancre et nous mimes de côtté entravers au moyen de
nos croupières. Dans ce moment les ennemis firent par irrision des accla-
mations de *Vive le Roy* et ensuite beaucoup de hurlemans que nous ne
pûmes comprendre. Cependant nos fregattes estoient en trés bon ordre et
nos équipages en impaciance defaire feu tesmognant assez par leur joye
générale une victoire certaine, le nombre des vaisseauz ennemis les aiant
plus tost animés que causé la moindre aprehansion, comme ilz ont fait connoistre pendant le plus grand feu et jusqu'au combat finy.

Dans cet estat, le sieur Croiziq envoya une chaloupe à bord du *Favory*,
afin que le sieur de Harismendy se rendit à bord de *l'Aigle* (ce qu'il fit) ou
estant ledit sieur Croiziq luy proposa s'il convenoit d'envoyer sommer lesdits Hollandois, ce qu'ayant résoleu ensemble, une chaloupe dudit sieur
Croiziq fust bien équipée portant pavillon blanc et un tambour et envoyé
pour chef d'icelle le sieur d'Etchebehere enseigne sur *l'Aigle* quy parle
bien hollandois, pour les sommer de se rendre soubz la condition que nous
leur offrions, conformemant aux ordres que nous en avions de Sa Majesté,
de leur fournir les vaisseaux et les vivres nécessaires pour leur transport en

[1] Biersbay, dans la légende de la carte.

Hollande et qu'a faute d'accepter notre offre ils ne devoient s'attendre qu'a ce que la force des armes permettroit.

La chaloupe partit dans le momant et comme elle s'aprochoit du vaisseau faisant fonction d'admiral, sa chaloupe escortée d'autres vint au-devant de la nostre et après que les capitaines hollandois eurent ouy la sommation faite par ledit sieur d'Etchebehere, ils respondirent qu'ils estoient surprins de nostre témerité puisque nous allions les attaquer estant en sy grand nombre comme ils estoient et encore plus dans un endroit sy dangereux, qu'aparamant nous ne le connoissions pas, puisque nous nous y exposions, d'autant qu'eux-mesmes ne s'y estoient abandonnez que dans la dernière extrémité et pour joindre leurs forces et comme le considerant un lieu inpraticable à ceux quy n'en avoient une parfaite connoissance. Ils dirent de plus que nous les prenions pour des grands coquins de les sommer de se rendre à deux moyennes fregattes comme les nostres, qu'ils estoient bien esloignez de ce sentimant et que nous n'auions qu'à bien faire tous nos efforts et qu'ils assuroient qu'ils s'acquitteroient bien de leur devoir. Ce fut leur response.

Et nostre chaloupe s'en revenant et estant à moitié du trajet les ennemis commancèrent à tirer quantité de coups de canon, tant sur nos fregattes que sur ladite chaloupe, laquelle en fut atteinte qui la perça sans avoir blessé personne. Un semblable coup favorable arriva à celle du sieur de Harismendy se rendant à son bord apres la response reeüe dans l'*Aigle*.

Enfin le combat commança fortement le 6ᵉ dudit mois, entre 8 et 9 heures du matin, le grand feu des ennemis continua jusques à une heure apres midy, et le nostre pandant ce temps, aussi bien qu'après, et comme les ennemis estoient en grand nombre et que la plus part d'iceux avoient 10, 12, 14 et mesmes jusqu'à 18 pièces de canon et 40 à 45 bons hommes tous matelots, leurs descharges alloient autant promptement que sy ce fut esté la mousqueterie pandant qu'ils furent bien munis de poudre. Mais aussy nostre canon alloit de mesme et les endomagea tellemant qu'il est constant que si la mer eust esté tant soit peu agittée, au lieu qu'elle estoit aussy tranquille que dans une fontaine, la plus part des vaisseaux auroient coulé à fondz. Et nous ne doutons qu'il n'y en ait divers quy auront eu ce sort pour peu d'agitation qu'ils ayent trouvé en mer.

Après 5 heures de rudde combat, les ennemis se relantirent beaucoup, et nous continuâmes avec la mesme vigueur qu'au commancement, ce qui nous faisoit esperer de leur voir arborer pavillon blanc pour demander quartier, puisqu'ils ne tiroient que de temps en temps du canon. Mais dans cette attante nous apperceumes divers vaisseaux [qui], ayant coupé leurs cables, se faisoient remolquer par une quantité des chaloupes le moindre en ayant six et faisoient leur possible pour sortir dehors la baye a la faveur de leurs chaloupes et du courant, et comme il ne nous en restoit qu'une a chaque frégatte, les autres ayant été coulées a fondz par le canon des ennemis, nous ne pûmes faire autre chose que faire porter nos ancres à toüer vers leur passage pour nous hâler dessus et nous en aprocher, ce que nous fimes avec toute la dilligence possible; nous coupames mesme nos cables pour ne perdre point de temps. Mais nostre dessein ne réussit pas et ne peut vaincre le secours de la quantité des chaloupes qu'ils avoient. C'est pourquoy il nous fut impossible de nous saisir que de treize vaisseaux, les autres ayant eschapé par la fuitte; estant tres maltraittés, desdits treize nous en avons brûlé deux dans la baye comme estant innavigables.

Les vaisseaux que nous avons attaqués avoient au moins entre tous 3oo pièces de canon et 1,5oo hommes. Neanmoins il ne s'en seroit échappé un sans le secours des chaloupes et le temps qui les favorisa. Et s'il y eut eü une troisième fregatte avecq nous pour pouvoir occuper plus d'espace dans ladite baye, quy est fort large, non seulement la perte des vaisseaux ennemis estoit infaillible, mais encore plus ils ne se seroient pas mis en deffanse et ce quy les a animés à celle qu'ils ont faite na esté que la croyance qu'ils ont eüe que nos frégattes n'estoient que de 24 pièces de canon et qu'ils nous reduiroient facillement à ne pouvoir les nuire, mais ils ont bien changé d'opinion quand ils ont expérimanté la vigueur de nostre feu. Sy Mr le commandant ou de Beauchesne eussent esté avec nous, il n'en auroit pas coûté un coup de canon et c'est ce que les capitaines hollandois que nous avons à bord attesteront fidellement.

L'Aigle et *le Favory* ont reçeu dans ce combat quantité de coups de canon tant dans le corps desdites fregattes que dans la matture et manœuvres. *L'Aigle* a esté obligée de changer son mât de mizaine et gimeler [1] ses basses vergues. *Le Favory* a eu un mât de hune de rompeu et sa vergue d'artimon, un canon crevé et 2 de démontez. Il est à s'estonner que nous n'ayons eu plus grand dommage dans un sy long combat, durant lequel chaque fregatte a tiré environ 1,6oo coups de canon.

Nous ne sçavons pas au vray, le monde que *l'Aigle* a perdu dans cette occasion.

Le Favory a eu deux hommes de tuez, l'un desquels a esté le sieur de Larreguy, capitaine en second sur ladite fregatte, et qui avoit esté embarqué sur *le Pellican* par ordre de Monseigneur le duc de Grammont. Ledit sieur de Larreguy pria M. de la Varenne luy permettre de s'embarquer sur ledit *Favory*, pour aller a cette expédition, attandu qu'il croyoit ne luy estre pas nécessaire dans la baye du S.d, ce quy luy fut accordé. Il a finy glorieusement, ayant reçeu un coup de canon à la cuisse et apres avoir donné des marques fort sensibles tant de sa valleur que de son experiance et bonne conduite. Ledit *Favory* a eu divers blessés et desquels il en restera d'estropiez.

---

[1] Jumeler.

Il est à remarquer qu'outre le domage que les ennemis ont receu à Beerbay, nous leur en avons causé un bien plus considérable, leur ayant entierement empeché la pesche de balaine aux environs de ladite baye, dans lequel endroit ils la trouvoient abondante, car mesme le premier jour ou nous les aperçeumes ils auoient toutes leurs chaloupes a la pesche. Nous avons mesme trouvé dans ledit Beerbay 5 grosses balaines de 60 à 70 barriques que les ennemis y avoient conduit sans avoir eu le temps d'en bénéficier et en outre les vaisseaux que nous avons pris en avoient presque tous en pièces dans leurs entreponts et fonds de cale qu'ils avoient reçament tuez desquelles une partie a esté detruite par la corruption.

Les Hollandois aussy bien que les Danois sont sortis cette année des grandes glaces sans y avoir presque tué des balaines et il n'y a eu qu'une pinace hollandoise montée de 30 pièces de canon quy a eu le bonheur d'en tuer 12 au moyen desquelles elle partit pour Hollande avant nostre arrivée. Lesdits Hollandois ont perdu cette année dans lesdites glaces 8 vaisseaux sellon le rapport des maistres, et les Danois 10. Les uns et les autres nous ont dit que la dizette des balaines avoit esté fort grande dans lesdites glaces, ce qui les avoit obligéz d'aller vers l'Est de Beerbay ou parfois l'experiance leur avoit fait connoistre que la pesche y est très abondante a l'arriere-saison. En quoy ils avoient tres bien rencontré cette année sans l'interruption que nous leur avons causé, car ils avoüent qu'ils espéroient charger leurs navires pour le 25 d'aoust. Il y en a mesme un qui, estant revenu des glaces sans aucune balaine, y a entierement chargé son navire. Ainsy on doit considérer cette perte beaucoup plus grande que celle des vaisseaux que nous leur avons pris.

Ledit Beerbay est un endroit très dangereux, puisqu'il y a des années qu'on ne peut en aprocher à cause que des continuelles glaces en empechent l'accès et sy parfois elles donnent quelque intervalle pour y entrer, les vaisseaux qui y vont sont souvant surprins par lesdites glaces sans pouvoir en sortir, comme il advint en l'année 1683 que 13 vaissseaux hollandois y restèrent entièrement, les équipages desquels eurent le bonheur de se sauver, ayant trainé des chaloupes par dessus lesdites glaces pour aller dans d'autres bayes plus au Sud dans lesquelles ils rencontrèrent des vaisseaux pour passer en Hollande. Et il est constant que *l'Aigle* et *le Favory* sont les premiers vaisseaux françois quy soient jamais entrez dans ledit Beerbay. Puisque mesme les vaisseaux basques quy pour l'ordinaire ont uzité les voyages de Groðland n'y ont jamais esté et il n'y a que les seuls Hollandois quy y vont et le moins qu'ils peuvent, et quand ils y vont c'est lorsqu'ils n'ont peu réussir dans les glaces ou generallement ceux quy ont accoustumé cette pesche vont d'ordinaire; nous n'avons pas esté exempts de crainte en y entrant puisque nous voy[i]ons à deux portées de canon de nous les glaces quy en aprochoient avec grande vitesse, et sy le vent eut tant soit peu soufflé devers le Nord ou Nord Est, nous aurions sans doute esté enfermez, aussy bien que nos ennemis. Mais, par bonheur, le peu de vent qu'il y eust apres nostre combat, et sur le soir, fut de vers le Sud, ce quy esloigna lesdites glaces et favorisa nostre sortie le lendemain.

Nous ne restames dans cette baye que le moins qu'il nous fut possible, crainte d'y estre enfermez, ayant toujours les glaces a nostre veüe, et les Hollandois mesmes nous representant par leur crainte qu'il n'y avoit pas un moment d'assuré. Ainsy nous en sortimes le 7ᵉ dudit mois sur le soir avec unze fluttes et nous arrivames le 10ᵉ a la baye du Sud ; nous rencontrâmes, le 9ᵉ, M. de Beauchene, quy avoit pris le mesme jour deux fluttes hollandoises, l'une de 16 pièces de canon et l'autre de 14, avec lesquelles il entra dans la mesme baye.

M. de la Varenne (pandant son séjour dans ladite baye) a fait capturer 2 prises hollandoises qui estoient à sa veüe, ayant esquipé une des prises pour aller après lesdits navires.

Le 12ᵉ dudit mois ledit sieur commandant appareilla avec *le Prudant* pour aller vers les Orcades et laissa *l'Aigle* et *le Favory* dans ladite baye avec ordre au sieur Croiziq d'expédier au plus tost les fluttes quy devoient estre amarinées et brûler les autres, ce quy fut promptement exécuté.

Le 14ᵉ dudit mois *l'Aigle* et *le Favory*, aveq 11 fluttes hollandoises, appareillerent et n'estans qu'a peu de distance de ladite baye, la broüée survint tellement épaisse qu'il feut impossible de s'entrevoir, ce quy obligea ledit sieur Croiziq de mettre en panne comme fit *le Favory* pour tacher à ne s'écarter point desdites fluttes et mesmes nous tirasmes divers coups de canon par intervale pour faire connoistre où nous estions, afin de s'en aprocher. Nous restames en cest estat environ 8 heures apres quoy un petit esclaircy estant survenu, nous ne peumes voir que 5 fluttes, et comme le vent estoit favorable pour nostre route et jugeant que les 6 autres auroient poussé avant, et que nous les rencontrerions, n'ayant a faire que la mesme route, nous fimes porter le matin du 15ᵉ jusques à midy, mettant toutes fois de temps en temps à la cappe par ce que le temps n'estoit pas bien clair, à cause de quoy nous tirions parfois du canon, et sur le soir dudit jour, le temps estant assez clair, nous n'apperceumes encore aucune desdites fluttes, ce quy obligea le sieur Croiziq a s'ecarter et forcer de voyles d'un costé et d'autre pour tascher de les descouvrir, ce qu'il ne peut faire, apres quoy il revint sur nostre route pour nous joindre afin de poursuivre nostre voyage pour Bayonne et d'escorter les 5 fluttes conformémant à l'ordre par ecrit dudit sieur commandant que ledit sieur Croiziq delivra au sieur de Harismendy, apres quoy ledit sieur Croiziq poussa sa route pour aller joindre ledit sieur commandant sur Fero ou les Orcades, conséquament a l'ordre qu'il luy en avoit donné avant son despart.

Le 17ᵉ dudit mois, veille du despart dudit sieur commandant, il congédia (avec l'aveu des capitaines des frégattes de son escorte) 16 navires danois qui estoient retenus et sur lesquels il fit embarquer les equipages hollandois des vaisseaux pris; la plus part desdits vaisseaux danois n'avoient aucune balaine et ceux qui en avoient ne passoient pas d'une, deux et trois au plus. Et bien que la plus part desdits vaisseaux portoient pavillon danois et mêmes des passeports du roi de Danemarq, il y avoit neanmoins de l'evidence que la majeure partie desdits vaisseaux appartiennent aux Hambourgeois puisque les maistres mêmes qui les commandent (ou du moins le plus grand nombre) n'ont pas désavoué estre Hambourgeois et déclaré ensemble avoir pris leurs passeports à Altena [1], lieu de la domination du Danemarq et seulement distant de Hambourg d'une demye lieue. Les mesmes maistres ont aussy déclaré que lors de l'expédition de leurs passeports audit Altena, on leur a respondu ou cautionné de la validité desdits passeports, au moyen du cint qui en revient à Sa Majesté danoise, et sy cela est tolléré, il est constant que les dits Hambourgeois feiront leur negoce avec la mesme seureté que dans la plus tranquile paix et on reconnoitra sans doute que tous les vaisseaux qui pourront aller l'année prochaine à Grooland seront danoiss oubz ce titre; cependant, dans cette occasion, on n'a pas trouvé à propos de s'en saisir, attandu le peu de pesche qu'ils avoient et le nombre du monde qu'il falloit pour les amariner.

Les ennemis ont perdu dans cette occasion 28 de leurs vaisseaux compris les 4 rencontrés dans la baye du Sud, de tout lequel nombre on en a réservé 11 pour tacher de les amariner en France. Et le feu a esté mis aux autres restants, tant pendant le séjour dudit sieur commandant dans la baye du Sud, qu'après son départ par l'ordre dudit sieur Croiziq, suivant qu'on estoit convenu avec ledit sieur commandant.

Le sieur Croiziq a esté uniquement l'auteur du dommage que les ennemis ont souffert dans le baye de *Beerbay*, aussi bien que de la perte de leur pesche dans ces quartiers, car, quoy qu'il ayt esté parfaitement secondé par *le Favory* dans cette expédition, il est constant qu'elle n'auroit pas esté entreprise sans que ledit sieur Croiziq avoit par sa vigillance descouvert les ennemis et qu'ensuitte en aiant fait le rapport audit sieur commandant, il luy fit connoistre en mesme temps l'importance de les aller observer, pour les attaquer en trouvant l'occasion favorable. Et ce fut la cause que *l'Aygle* et *le Favory* partirent pour cette expédition avec le consentement verbal dudit sieur commandant, et l'empressement unanime desdits sieurs Croiziq et Harismendy pour nuire lesdits ennemis les amena à les rechercher et jusques en lattitude de 81 degres 1/2 (endroit rarement fréquanté). Le fait quy s'en est ensuivy a esté dit ci-dessus.

Le 9ᵉ septembre, *le Favory* a aterré entre Biaritz et Cabretton [2] avec les 5 fluttes qu'il a escortées, sans avoir, jusques à présent, graces a Dieu, fait nul[le] mauvaise rencontre.

[1] Altona.
[2] Biarritz, Capbreton.

III

CHOIX DE DÉPÊCHES OFFICIELLES [1].

Au sieur de la Varenne.

A Paris, le 11 mars 1693.

MONSIEUR,

J'ay receu la lettre que vous m'avez escritte le 28ᵉ du mois passé; j'ay esté bien aise d'apprendre vostre arrivée à Bayonne, j'espère que vous n'oublierez rien pour mettre le vaisseau *le Bizarre* en estat d'aller à l'Isle d'Aix à la maline du 23 de ce mois et j'attendray avec impatience la nouvelle de vostre départ. J'ay escrit au Sʳ de la Boulaye de vous donner 230 hommes d'équipage, lesquels avec 50 soldats que vous prendrez à Rochefort feront le nombre de 280 hommes auquel le roy a fixé cet équipage.

Je suis, etc.

[*Arch. nat. Marine*, B² 89, fᵒ 628 vᵒ.]

A M. *de la Varenne.*

A Versailles, le 18 mars 1693.

MONSIEUR,

J'ay receu la lettre que vous m'avez escrite le 8ᵉ de ce mois. J'ay esté bien fâché d'apprendre que le travail du vaisseau *le Pelican* n'advance pas autant qu'il seroit à désirer, je vous prie de le presser tout le plus qu'il se pourra de sorte que vous puissiez sortir de Bayonne à la première maline d'avril au plus tard; cela est d'autant plus nécessaire que les derniers vaisseaux du port de Rochefort sortiront en mesme temps pour se rendre à l'Isle d'Aix et qu'il seroit à propos que vous puissiez passer avec eux à Brest.

J'escris à M. Begon de vous envoyer promptement les officiers mariniers que vous avez retenu à Rochefort.

Je suis, etc.

[*Arch. nat. Marine*, B² 89, fᵒ 684.]

[1] Je ne reproduis ici qu'une partie des nombreuses dépêches adressées de Versailles, à l'occasion de l'expédition de Spitzberg, et qui sont copiées dans les registres B² 89-91 et 92, des Archives de la marine, aujourd'hui déposées aux Archives nationales.

A M. de la Varenne.

A Versailles, le 8 avril 1693.

Monsieur,

J'ay receu la lettre que vous m'avez escrite le 29 du mois passé. J'ay esté bien aise d'apprendre les diligences qui se font pour l'armement du vaisseau que vous commandez. Comme le temps s'est mis au beau depuis plusieurs jours, j'espère que vous en aurez proffité, et le Roy attend avec la dernière impatience la nouvelle de vostre départ; cependant, si cette lettre vous trouve encore à Bayonne, je vous prie de ne pas manquer de sortir la maline prochaine. J'escris à M. Begon de vous faire fournir à vostre arrivée à la rade de l'Isle d'Aix tous ce qu'il vous faudra pour faire la campagne.

Je suis, etc.

[*Arch. nat. Marine*, B² 90, f° 70 v°.]

A M. de la Varenne.

A Versailles, le 6 may 1693.

Monsieur,

Je ne doute pas que cette lettre ne vous trouve au moins aux rades de la Rochelle, et comme M. le maréchal de Tourville pourra estre party de Brest lorsque vous y arriverez, je vous envoye des signaux de reconnoissance que M. de Tourville a aussy afin que vous ne donniez pas dans l'armée ennemie, vous voyez par la de quelle importance il est que vous vous rendiez promptement au dit port de Brest, et je vous recommande de faire l'impossible pour cela.

Je suis, etc.

[*Arch. nat. Marine*, B² 90, f° 322.]

A M. de la Varenne.

A Paris, le 27 may 1693.

Monsieur,

J'ay esté bien aise d'apprendre par vostre lettre du 26 de ce mois que le vaisseau *le Pelican* ayt esté tiré de l'endroit où il estoit eschoüé, j'ay esté informé des soins que vous [vous] estes donné et de ce que vous avez fait pour contribuer a sauver ce navire, j'en ay esté très satisfait et je vous prie de croire que je feray valoir avec plaisir vos services auprès du roy dans toutes les occasions qui se présenteront.

Il faut que vous vous mettiez en estat d'exécuter les ordres de Sa Majesté
que je vous envoyeroy incessamment. Il ne sera pas nécessaire que vous
alliez à Rochefort, et je donne ordre à M. Begon de vous envoyer les 50 soldats qui vous sont destinés; cependant si M. le duc de Gramont trouve
à propos que vous allier faire un tour sur les costes d'Espagne vous pouvez
le faire sans difficulté.

Je suis, etc.

[*Arch. nat. Marine*, B 90, f° 533 v°.]

A M. de la Varenne.

A Paris, le 10 juin 1693.

Monsieur,

J'ay receu la lettre que vous m'avez escrite le 31 du mois passé, j'ay
esté bien aise d'apprendre la diligence qui a esté faite pour remettre le
vaisseau *le Pelican* en estat de sortir de Bayonne. Je suis bien persuadé que
vous y aurez beaucoup contribué et j'en ay rendu compte au Roy.

Je ne doute point que M. le duc de Gramont ne vous ayt remis les ordres
de Sa Majesté que je luy ay adressés sur vostre destination, Sa Majesté espère que vous vous acquiterez très bien de ce qui y est contenu et quelle
aura lieu d'estre satisfaite de vostre conduite dans le voyage que vous devez
faire.

Je suis, etc.

[*Arch. nat. Marine*, B² 90, f° 657 v°.]

Au sieur de la Varenne.

A Paris, le 17 juin 1693.

Monsieur,

Comme je compte que vous partirez à la fin de ce mois pour exécuter
les ordres contenus dans l'instruction que M. le duc de Gramont doit vous
avoir remis, je suis bien aise de vous advertir que l'armée navalle des ennemis sera un temps hors de la Manche affin que vous naviguiez avec précaution jusqu'à ce que vous soyez au large et pour cet effet que vous évitiez
d'aprocher des Sorlingues ny des costes d'Irlande.

Je suis, etc.

[*Arch. nat. Marine*, B² 90, f° 725.]

A M. le duc de Grammont.

A Versailles, le 22 juillet 1693.

Monsieur.

. . . .

J'espère que M. de la Varenne suivra les bons advis que vous luy avez donné, sur la conduitte à tenir avec les matelots basques, s'il pouvoit réussir dans l'entreprise qui luy est confiée, ce seroit un surcroist de mal aux ennemis qui ne seroit pas indifférent.

. . . .

Je suis, etc.

[*Arch. nat. Marine*, B² 91, f° 180 v°.]

A M. de la Varenne.

A Versailles, le 12 septembre 1693.

Monsieur,

Le Roy a eu advis qu'il devoit sortir de la mer Baltique au commencement du mois de septembre une flotte chargée de bled, pour les ports d'Hollande et d'Angleterre, et comme il conviendroit extremement au service du roy d'enlever cette flotte; l'intention de Sa Majesté est que vous approchiez de l'entrée de cette mer, avec les frégattes qui sont sous vostre commandement, et que vous teniez sur la routte que vous estimerez qu'elle devra tenir, jusqu'à ce que vous ayiez des nouvelles de son passage. Si vous estiez assez heureux pour enlever cette flotte, il seroit à désirer que vous repassassiez par le nord d'Escosse, et que vous la menassiez à Bayonne, à Bordeaux ou à la Rochelle; mais si les vents vous contrarioient, ou que vous n'eussiez pas assez de vivres pour entreprendre cette navigation, Sa Majesté trouveroit bon que vous vinsiez à Dunkerque; vous observerez cependant que vous ne devez regarder cette permission que comme un party d'extremité, que le Roy ne vous permet de prendre, qu'en cas que vous ne puissiez faire autrement.

Si vous estiez obligé par les raisons cy-dessus de revenir à Dunkerque, sans avoir trouvé la flotte de la mer Baltique, l'intention du Roy, est que vous rangiez la coste d'Escosse, pour destruire les bateaux pescheurs, tant hollandois, qu'anglois, qui font la pesche du hareng, Sa Majesté veut que vous brusliez tous ces batteaux, à la réserve de ce qu'il en faudra pour renvoyer en Hollande, les matelots de tous ces batteaux, auquel cas vous observerez de ne leur laisser aucuns filets, afin qu'ils ne puissent continuer cette pesche.

Je suis, etc.

[*Arch. nat. Marine*, B¹ 91, f° 3oo.]

Au sieur de la Boulaye.

A Versailles, le 16 septembre 1693.

J'ay receu vos lettres des 6, 7, 9 et 10 de ce mois; j'ay esté bien aise d'apprendre l'arrivée du vaisseau *le Favory*, et de 7 des 11 prises [1], faites par l'escadre du S' de la Varenne, l'intention du Roy est de garder; . pour son service la part qui luy doit revenir des bastimens pris, ne voulant point achepter la part des autres qui ont intérest dans ces prises.

. . . .

L'esclairissement que vous me donnez sur la plainte du S' Lavarenne contre le S' de Gargas suffit.

. . . .

L'intention de Sa Majesté est aussy que le vaisseau *l'Adroit* retourne à la Rochelle; vous pourrez cependant le retenir sur la coste d'Espagne jusqu'à l'arrivée du *Pellican* et de l'*Aigle*, Sa Majesté destinant pour croiser avec *le Favory* sur cette coste ou ledit vaisseau *le Favory*, *le Pellican* et l'*Aigle* resteront au moins jusqu'à la fin d'octobre, affin d'assurer le retour de nos terreneuviens.

. . . .

Le Roy ne fera désarmer aucune autre [fregate] à Bayonne vous aurez soin seullement de ravitailler *le Pellican*, *l'Aigle* et *le Favory* et les frégates qui pourront avoir occasion de rendre le bord à Bayonne.

. . . .

Je suis, etc.

[*Arch. nat. Marine*, B¹ 91, f° 592 v°.]

A M. de la Varenne.

A Versailles, le 16 septembre 1693.

Monsieur,

J'ay receu la lettre que vous m'avez escrite de l'isle de Pisberg le 12 du mois passé, j'ay esté bien aise d'apprendre que vous ayiez pris un nombre considérable de vaisseaux hollandois quoyqu'il me paroisse que vous ayiez pû faire beaucoup plus de mal aux ennemis, et il eut esté à désirer que vous

____

[1] Cinq seulement suivant la *Relation* publiée ci-dessus.

eussiez esté avec *l'Aigle* et *le Favory* lorsqu'ils ont trouvé les 44 basti-
ments contres lesquels ils ont combatu, l'intention du Roy est que vous
croisiez avec ces vaisseaux *le Pellican*, *l'Aigle* et *le Favory* et le vaisseau du
sieur de Beauchesne, s'il veut continuer sa course, le long des costes d'Espagne, jusqu'au cap Finistère tant que cela sera nécessaire pour assurer le
retour des terre-neuviens françois et pour enlever les Anglois qui viendront
dans les costes d'Espagne, M. le duc de Gramont et le S. Laboulaye vous
feront part des advis qu'ils auront au sujet de ces vaisseaux et il faudra
que vous vous regliez sur ce que M. le duc de Gramont vous escrira.

Je suis,

[*Arch. nat. Marine*, B² 91, f° 591 v°.]

Au sieur de Coursic.

A Versailles, le 16 septembre 1693.

J'ai veu par les relations que j'ai eüe de ce qui s'est passé en Groenland
à l'attaque des vaisseaux hollandois qui faisaient la pesche de la baleine la
part que vous y avez euë, je n'en attendois pas moins de vostre courage et
de vostre bonne volonté et vous devez compter que je feray valoir avec plaisir vos services à Sa Majesté dans touttes les occasions.

Je suis, etc.

[*Arch. nat. Marine*, B² 91. f° 592.]

Au sieur de la Boulaye.

A Fontainebleau, le 22 septembre 1693.

J'ay esté bien aise d'apprendre qu'il soit arrivé encore trois flustes des
11 prises à Spitberg, il faut espérer que la unziesme viendra aussi à bon
port; je n'en ay cependant aucun advis de Brest, de Bellisle ny de la Rochelle.

. . . .

Vous avez bien fait de faire entrer le *Favory*, je vous ay ecrit qu'il falloit
que vous le missiez en estat de reprendre la mer, tenez la main à ce qu'il
parte aussy tost qu'il se pourra, Sa Majesté veut bien continuer de vous
donner et à M. le duc de Gramont l'intérest que vous avez eu jusqu'à présent sur ce vaisseau aussy bien que sur le *Pellican* et *l'Aigle*; je vous ay
fait savoir qu'elle vouloit que ces trois frégattes croisassent sur la coste
d'Espagne jusqu'à la fin d'octobre pour asseurer le retour de nos terre-

neuviens et tâcher de prendre ceux des Anglois ; faites moy sçavoir à quel usage vous estimerez qu'on les puisse mettre après ce temps.

. . . .

Je suis, etc.

[*Arch. nat. Marine,* B² 91, f° 632 v°.]

A M. de Gramont.

A Fontainebleau, le 25 septembre 1693.

MONSIEUR,

. . . .

J'ay esté bien aise d'apprendre le retour du Sr de Coursic, l'intention du Roy est que sa frégatte et *le Favory* croisent aux atterages de la coste d'Espagne pour asseurer le retour des terreneuviens françois et je vous prie d'avoir soin qu'elles se rendent incessamment, *le Pellican* est aussy destiné pour un mesme service et j'ay adressé au Sr de la Boulaye une lettre que j'escris au S. de la Varenne qui le commande pour luy expliquer les intentions de Sa Majesté sur ce sujet.

. . . .

Elle a veu avec plaisir le plan que vous luy avez envoyé de la baye où les Srs Coursie et Harismundy ont attaqué les pescheurs hollandois, Sa Majesté a esté très satisfaite de ce que ces deux officiers et leurs équipages ont fait en cette occasion, et vous pouvez les asseurer qu'elle s'en souviendra quand il y aura lieu de leur faire plaisir.

Je suis, etc.

[*Arch. nat. Marine,* B² 91, f° 665 v°.]

Au sieur de la Boulaye.

A Fontainebleau, le 25 septembre 1693.

. . . .

Je vous ay fait scavoir que *le Pelican, l'Aigle* et *le Favory* estoient destinez pour asseurer les retour des terreneuveins françois jusqu'à la fin d'octobre, il est nécessaire qu'en attendant l'arrivée du *Pélican* vous envoyiez dans les parages qu'il faudra garder les frégates *l'Aigle* et *le Favory.*

. . . .

Je suis, etc.

[*Arch. nat. Marine,* B² 91, f° 666 v°.]

A M. de la Varenne.

A Fontainebleau, le 6 octobre 1693.

MONSIEUR,

J'ay apris par M. de la Ferrière, commandant à Bellisle, vostre arrivée à la rade de cette isle, et que vous deviez vous rendre à la Rochelle. Sa Majesté désire que vous remettiez le vaisseau *le Pellican* que vous commandez au Sr du Vignau[1] suivant l'ordre que vous trouverez cy-joint, et que vous restiez ensuitte au port de Rochefort, Sa Majesté vous ayant donné ce département.

Je suis, etc.

[*Arch. nat. Marine*, B² 92, f° 31, v°.]

V

CARTE DE LA COSTE SEPTENTRIONALE DE L'ISLE DE SPITBERG

sous le Cercle polaire Artique représentant partie de la navigation, qu'ont faites dans les glaces quatre frégates du Roy en juillet 1693 pour aller à la baye de Biersbay pour y prendre les vaisseaux hollandois de la Pêche de la Balayne[2].

a. Baye de la Magdelaine.

b. Baye du Sud ou des Anglois, dite *englis-baye*, ou *Zudgat*.

c. Baye du Nord.

d. Le vaisseau du Roy *le Pelican*, commandé par M. Varenne.

E. Vaisseau maloin *le Prudent*, commandé par le Sr Bauchene.

f. Vaisseaux ennemis pris et gardés par les deux vaisseaux cy-dessus lesquels sont restés mouillés dans cette rade pendant que les autres frégates sont allées à Biersbay.

G. Vaisseaux fuyant et s'échapants.

---

[1] Tout l'état-major du *Pelicon* fut changé, le s^r du Vignau, capitaine de frégate en prit le commandement, avec trois enseignes, le s^r de Neuilly, le s^r de la Frégonnière et le s^r de Goureuf et le capitaine de flûte, de Lescolle (B² 88, f° 217).

[2] Ceci est la légende qui accompagne la carte ci-jointe (fig. 1.)

H. Frégates du Roy *l'Aigle*, commandée par le S' Courcy et *le Favory*, com. par le S' Arimendy.

J. Vaisseaux holandois pris.

L. *L'Aigle* et *le Favory* alant à la découverte de la flotte holland.

M. Flotte hollandoise retirée dans les glaces, deffilant à la baye de Biersbay.

N. Baye de Biersbaye où les fregattes ont attaqués et pris les Holandois.

O. Reste des vaisseaux hollandois pris dans les glaces.

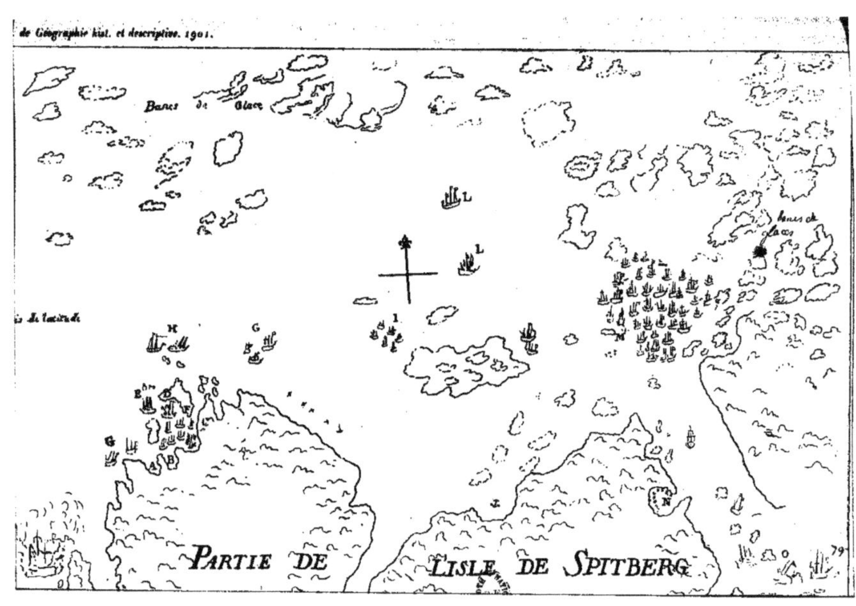
de Géographie hist. et descriptive. 1901.
Bancs de Glace
Bancs de glace
de latitude
PARTIE DE L'ISLE DE SPITBERG